Individueller Mesozyklus mit dem Ziel der Gewichtsabnahme und der Blutdrucksenkung. Ein Fallbeispiel

Selina Latzko

Bibliografische Information der Deutschen Nationalbibliothek:

Die Deutsche Nationalbibliothek verzeichnet diese Publikation in der Deutschen Nationalbibliografie; detaillierte bibliografische Daten sind im Internet über http://dnb.d-nb.de abrufbar.

ISBN: 9783346343659
Dieses Buch ist auch als E-Book erhältlich.

© GRIN Publishing GmbH
Nymphenburger Straße 86
80636 München

Druck und Bindung: Books on Demand GmbH, Norderstedt Germany
Gedruckt auf säurefreiem Papier aus verantwortungsvollen Quellen

Das vorliegende Werk wurde sorgfältig erarbeitet. Dennoch übernehmen Autoren und Verlag für die Richtigkeit von Angaben, Hinweisen, Links und Ratschlägen sowie eventuelle Druckfehler keine Haftung.

Das Buch bei GRIN: https://www.grin.com/document/985352

Deutsche Hochschule für
Prävention und Gesundheitsmanagement
Hermann Neuberger Sportschule 3
66123 Saarbrücken

Einsendeaufgabe

Fachmodul:	Trainingslehre II
Studiengang:	Bachelor of Arts - Fitnesstraining
Datum Präsenzphase:	03.12.2018 – 05.12.2018
Name, Vorname:	Latzko, Selina Deirdre
Studienort:	**Eschborn, Frankfurt am Main**
Semester:	**Wintersemester 2017**

Inhaltsverzeichnis

1 Diagnose

1.1 Allgemeine und biometrische Daten

Tab. 1 : Allgemeine und biometrische Daten zur Person

Alter	25 Jahre
Geschlecht	Weiblich
Körpergröße	175 cm
Körpergewicht	80 kg
Trainingsmotiv	Gewichtsreduktion, Blutdrucksenkung, fitter werden/Verbesserung der Grundlagenausdauer
Berufliche Tätigkeit	Erzieherin
Aktuelle u. frühere sportliche Aktivitäten (inkl. Leistungsstufe u. Trainingsumfang)	Bis zum 15. Lebensjahr Leistungsanfänger, 1x pro Woche Reiten im Feld á 60 Minuten (seit 10 Jahren keinen Sport betrieben)
Zeitlicher Verfügungsrahmen	3 - 4 Std. pro Woche
Blutdruck	150/95 mmHg
Ruhepuls	80 Schläge/Minute
Allgemeiner Gesundheitszustand	Gut
Orthopädische Probleme	Nein
Internistische Probleme	Nein
Ärztliche Behandlung	Nein
Einnahme von Medikamenten	Nein
Sonstige gesundheitliche Einschränkung	Nein

Tab. 2 : Bluthochdrucktabelle (Deutsche Hochdruckliga, 2014)

Einteilung	Oberer Wert	Unterer Wert
	(*„systolischer Wert"*) gemessen in mm Hg	(*„diastolischer Wert"*) gemessen in mm Hg
Optimal	unter 120	unter 80
Normal	unter 130	unter 85
Hochnormal	130 bis 139	85 bis 89
Leichter Bluthochdruck	140 bis 159	90 bis 99
Mittelschwerer Bluthochdruck	160 bis 179	100 bis 109
Schwerer Bluthochdruck	180 oder mehr	110 oder mehr
„Isolierte systolische Hypertonie" (alleiniger Bluthochdruck des oberen Wertes)	140 oder mehr	unter 90

Tab. 3 : Normwerttabelle Ruhepuls (Großes Blutbild.de)

Normaler Ruhepuls
www.grossesblutbild.de

Normaler Puls (Normokardie)	60 – 100 pro Minute
Langsamer Ruhepuls (Bradykardie)	< 60 pro Minute
Schneller Ruhepuls (Tachykardie)	> 100 pro Minute

Ruhepuls bei Erwachsenen

Erwachsene	70 – 80 pro Minute
Senioren	70 – 90 pro Minute
Sportler	30 – 40 pro Minute
Schwangerschaft	+ 10-20 Herzfrequenz/min

Ruhepuls bei Kindern

Neugeborenes	120 – 140 pro Minute
Kindergartenkind	100 pro Minute
Jugendliche	85 pro Minute

Alle Puls und Blutdruck Fakten auf www.grossesblutbild.de

Bei der gewählten Kundin handelt es sich um eine 25 Jahre alte Frau, welche noch keinerlei Erfahrung im Bereich Ausdauertraining besitzt. Ihr Blutdruck liegt bei 150/95mmHg und ist als leichter Bluthochdruck zu betrachten. Die Einstufung des Wertes der Kundin erfolgte über die Blutdruck-Normalwert-Tabelle der WHO (Weltgesundheitsorganisation). Ihr Ruhepuls von 80 Schlägen pro Minute liegt an der oberen Grenze des Normbereichs. Die Einstufung des Wertes der Kundin erfolgte über die Ruhepuls Normwerttabelle (Großes- Blutbild). Der Puls wurde am Tag gemessen (Tagespuls). Vom Tagespuls werden 5-10 Schläge abgezogen, daraus ergibt sich der Ruhepuls. Denn die Ruhepulsfrequenz wird nur „nach einer 10minütigen Ruhephase im Liegen oder morgens im Liegen 5 Minuten nach dem Aufwachen bestimmt" (W. Buskies & W.- U. Boeckh-Behrens, 1998, S. 29). Es bestehen keine internistischen- oder orthopädischen-, sowie gesundheitlichen Einschränkungen, somit ist die Kundin belastbar. Das Training wird so geplant, dass es auf die Motive und Wünsche der Kundin abgestimmt ist.

1.2 Leistungsdiagnostik/Ausdauertestung

Individuelle Voreinstufung der Person:

Die Kundin ist 25 Jahre alte Frau, wiegt 80 kg, ist 175 cm groß und hat einen Ruhepuls von 80 S/min. Mit Hilfe der Ruheherzfrequenz und des Lebensalters wird anhand von Tab. 4 (Ausschnitt) die individuelle Zielherzfrequenz (=Abbruchkriterium) für den folgenden Ergometertest ermittelt. Einstufung Trainingsherzfrequenz (THF) laut Tab. 4: 150

S/min (kein Aufschlag, da kein Ausdauertraining, siehe Tab. 5). Da die Kundin seit 10 Jahren keinerlei Sport mehr betrieben und kann sie daher als völlig untrainiert eingestuft werden. Der ermittelte Wert von 150 Schlägen pro Minute definiert das Ende des individuellen Belastungsbereichs in der Voreinstufung und dient gleichzeitig als Abbruchskriterium (Trunz, 2001; IPN, 2004, S. 3). Aufgrund der Voreinstufung bei der Auswahl des Testverfahrens verläuft der Test nach WHO- Richtlinien.

Tab. 4: Ausschnitt - Voreinstufung nach Ruheherzfrequenz und Lebensalter (modifiziert nach Trunz, 2001; IPN, 2004, S. 4)

RHF/Alter	< 20	20-29	30-39	40-49	50-59	60-69	≥ 70
80-89 S/min	155 S/min	150 S/min	145 S/min	140 S/min	135 S/min	125 S/min	125 S/min

Tab. 5: Ausschnitt - Voreinstufung unter zusätzlicher Berücksichtigung der Trainingshäufigkeit ausdauerrelevante Aktivitäten (modifiziert nach Trunz, 2001; IPN, S. 4)

Trainingszustand	Trainingshäufig-keit/Woche	Stunden/ Woche	Pulsaufschlag
kein Ausdauertraining	-	-	-

Nach der Voreinstufung wird das entsprechende Belastungsschema (WHO/ H&V) für den Ergometertest ausgewählt. Der IPN Test nach WHO Schema trifft optimal auf die Kundin zu. Die Vorteile der IPN Testung sind, „die Festlegung eines individuellen Abbruchkriteriums, die Zuweisung des passenden Belastungsschemas, die Orientierung an einer Norm-Soll-Leistung sowie die konsequente Verwertung der Ergebnisse für individuelle sportart- und trainingsspezifische Trainingsempfehlungen. Der Zielgruppenbereich des Tests erstreckt sich über das gesamte Einsatzfeld der Ausdauertestung im präventiven, breitensportlichen und mit Einschränkung auch rehabilitativen Segment" (Trunz, 2001; IPN, 2004, S.1). Des Weiteren ist das WHO Belastungsschema für leistungsschwächere Personen, insbesondere untrainierte Frauen und Übergewichtige geeignet (Reiß et al., 2012, S. 75) (siehe Tab.6). Außerdem ist die Belastungssteigerung und die Stufendauer geringer gegenüber dem Hollmann- Venrath- Test, welcher für durchschnittlich bis gut trainierte Personen eher geeignet ist (Reiß et al., 2011, S.78).

Tab. 6: IPN- Test modifiziert nach WHO im Überblick

Zielgruppe	Leistungsschwächere Personen:
	Untrainierte Frauen
	Übergewichtige
Testgerät	Fahrradergometer
Belastungsart	Submaximale Belastung
Belastungsprotokoll	Eingangsbelastung: 25 Watt
	Belastungssteigerung: 25 Watt
	Stufendauer: 2 Minuten
	Trittfrequenz: 60-80 U/min
	Pulsobergrenze nach IPN: 150 S/min (vgl. Tab. 4)
Abbruchkriterien	Überschreitung der Pulsobergrenze
Testgröße	Wattleistung der zuletzt durchgefahrenen Belastungsstufe bei Erreichen der definierten Pulsobergrenze bzw. Zeitinterpoliert, wenn die Pulsobergrenze vor dem Ende der entsprechenden Belastungsstufe erreicht wird
Normbewertung	Relative-Soll-Watt-Leistung, Watt pro kg Körpergewicht (siehe Tab. 8)

Tab. 7: IPN Test- Protokoll modifiziert nach WHO Schema

Zeit (in Minuten)	Watt	HF nach 1 Minute	HF nach 2 Minuten
2	25	82	88
4	50	95	100
6	75	113	124
8	100	127	135
10	125	144	150
12	150	-	-
14	175	-	-

Rechnung:

Watt : kg = relative Watt-Soll-Leistung = Bewertung

$125 : 80 = 1,56 \approx 1,6 = 0,59 = $ - (siehe Tab. 8 / minus = schlecht)

Durchführung:

Der Test beginnt mit einer Eingangsbelastung von 25 Watt und wird alle zwei Minuten um weitere 25 Watt erhöht (W. Buskies, 2009, S. 15). Dazu wird jede Minute die Herzfrequenz gemessen und im Testprotokoll notiert. Die Wattleistung wird so lange erhöht,

6/15

bis die Testperson an ihre Leistungsgrenze gerät oder ihre definierte Pulsobergrenze erreicht hat (W. Buskies, 2009, S. 15). Sobald dies der Fall ist, wird der Test beendet. Es gilt die Wattleistung der zuletzt vollständig durchfahrenen Belastungsstufe bei Erreichen der definierten Pulsobergrenze. Die gefahrene Wattleistung wird anschließend mit den Normwerten für das jeweilige Geschlecht und die jeweilige Altersstufe (Tab.7) verglichen.

Bewertung:

Die Testperson ist die 125 Watt vollständig durchgefahren und hat nach 10 Minuten ihre Pulsobergrenze von 150 S/min (siehe Tab. 6) erreicht. „Die so ermittelte relative Watt-Leistung wird mit der geschlechtsspezifischen Norm-Soll-Leistungstabelle verglichen. Hieraus lassen sich nun der Belastungsfaktor (Faktor für die Festlegung der individuellen Belastungsintensität), sowie die zugehörige Trainingsherzfrequenz (THF) für ein aerobes Ausdauertraining ableiten" (Trunz, 2001; IPN, 2004, S.7). Altersgemäß ergibt sich aus der Tabelle ein allgemeiner Soll-Wert von 1,6 Watt/kg, entsprechend einem Intensitätsfaktor von 0,59. Die Person liegt mit ihrem erreichten Soll-Wert von 1,6 Watt/kg unter dem Durchschnitt (siehe Tab.7).

Der Belastungsfaktor von 0,59 fließt anschließend in die Formel zur Bestimmung der Trainingsherzfrequenz ein.

Trainingsherzfrequenzberechnung nach IPN:

Formel: THF (Fahrrad/Ruderergometer) = ((220 – LA) – HF Ruhe)) x BF + HF Ruhe

((220 – 25) – 80)) x 0,59 + 80 = 148 (aufgerundet)

Tab. 8: Ausschnitt Normtabelle für submaximale Radergometertests- Relative Watt-Soll-Leistung (Watt pro kg) bei Frauen (modifiziert nach IPN, 2004, S. 8)

Alter/Intensität	< 30	30-34	35-39	40-44	45-49	50-54	55-59	ab 60	Bewertung
0,50	1,15	1,09	1,04	0,98	0,92	0,86	0,81	0,75	- -
0,51	1,2	1,14	1,08	1,02	0,96	0,90	0,84	0,78	- -
0,52	1,25	1,19	1,13	1,06	1,00	0,94	0,88	0,81	- -
0,53	1,3	1,24	1,17	1,11	1,04	0,98	0,91	0,85	- -
0,54	1,35	1,28	1,22	1,15	1,08	1,01	0,95	0,88	- -
0,55	1,40	1,33	1,26	1,19	1,12	1,05	0,98	0,91	-
0,56	1,45	1,38	1,31	1,23	1,16	1,09	1,02	0,94	-
0,57	1,50	1,43	1,35	1,28	1,20	1,13	1,05	0,98	-
0,58	1,55	1,47	1,40	1,32	1,24	1,16	1,09	1,01	-
0,59	1,60	1,52	1,44	1,36	1,28	1,20	1,12	1,04	-
0,60	1,70	1,62	1,53	1,45	1,36	1,28	1,19	1,11	Ø
0,61	1,80	1,71	1,62	1,53	1,44	1,35	1,26	1,17	Ø
0,62	2,00	1,90	1,80	1,70	1,60	1,50	1,40	1,30	Ø
0,63	2,10	2,00	1,89	1,79	1,68	1,58	1,47	1,37	+

1.3 Gesundheits- und Leistungsstatus der Person

Nach dem erfolgreich absolvierten Ausdauertest ist zu erkennen, dass die Kundin sich in einer unter dem Durchschnitt liegenden Ausdauerfähigkeit befindet, was jedoch kein Hindernis für eine Verbesserung der Ausdauerfähigkeit bzw. einen Aufbau der Grundlagenausdauer in Frage stellt. Des Weiteren liegen keine körperlichen oder gesundheitlichen Einschränkungen, ebenso wie Medikamenteneinnahme, vor. Das bedeutet, die Kundin kann in vollem Umfang trainieren. Da sie das letzte Mal vor 10 Jahren Ausdauersport betrieben hat, wird mit einem moderaten Ausdauertraining begonnen bzw. nach der extensiven Dauermethode trainiert.

2 Zielsetzung/Prognose

Tab. 9: Zielsetzung der Person

Ziel	Inhalt	Ausmaß	Zeit
1	Senkung des Ruhepulses	Senkung um 4 bis 6 Schläge pro Minute	16 Wochen
2	Gewichtsreduktion	5 kg	20 Wochen
3	Fitter werden/Verbesserung der Grundlagenausdauer	1,8 Watt/ kg	16 Wochen

Begründung Ziel 1:

Ein positiver Effekt von regelmäßigem Ausdauertraining ist eine Anpassung des Herzmuskels. Laut Eifler (2016, S.43) ist eine Minderbelastung des Herzens von etwa einem halben Schlag in der Minute pro Woche als realistische Anpassung zu betrachten. Da sie als Trainingsanfänger einzustufen ist, wird ein Zeitraum von 16 Wochen zur Realisierung des Ziels gesetzt.

Begründung Ziel 2:

Pro Woche können maximal 250gr. abgenommen werden. Das bedeutet es können rein rechnerisch in 20 Wochen bis zu 5 kg abgenommen werden (250gr. x 20 Wochen = 5 kg). Ein positiver Effekt von regelmäßigem Ausdauertraining ist eine Reduktion des Körpergewichts (W. Buskies & W.- U. Boeckh- Behrens, 1998, S. 12).

Begründung Ziel 3:

Als sportmotorischer Parameter, soll die relative Wattleistung von 1,6 Watt/ kg in den durchschnittlichen Bereich von mindestens 1,8 Watt/ kg innerhalb von 16 Wochen erreicht werden. Durch regelmäßiges Ausdauertraining soll die Ausdauerleistungsfähigkeit verbessert werden (W. Buskies & W.- U. Boeckh- Behrens, 1998, S. 12).

3 Trainingsplanung Mesozyklus

3.1 Grobplanung Mesozyklus

Tab. 10: Grobplanung eines Mesozyklus für einen Fitness-Anfänger

Dauer	6 Wochen
Trainingsziel	GA 1
Belastungsumfang/Woche	2- 4 Stunden
Trainingsmethode	extensive Dauermethode laut IPN
Belastungsintensität	nach IPN: 0,59 THF: 148 (Fahrrad) / 151 (Laufband,Crosstrainer)
Trainingshäufigkeit/Woche	2- 4 x pro Woche
Dauer pro Trainingseinheit	30 - 60 Minuten
Ausdauertrainingsgerät/Bewegungsform	Fahrrad, Laufband, Crosstrainer

3.2 Detailplanung Mesozyklus

Tab.11: 6-wöchige Detailplanung Mesozyklus

Woche 1

	Dienstag	Donnerstag	Freitag
Trainingsziel	GA1	GA1	GA1
Tr.- Methode	ext. DM	ext. DM	ext. DM
Tr.- Intensität	IPN 0,59	IPN 0,59	IPN 0,59
THF (nach IPN)	148	148	151
Tr.-Dauer	30 Minuten	30 Minuten	36 Minuten
Tr.- Gerät	Fahrrad	Fahrrad	Laufband

Woche 2

	Dienstag	Donnerstag	Freitag
Trainingsziel	GA1	GA1	GA1
Tr.- Methode	ext. DM	ext. DM	ext. DM
Tr.- Intensität	IPN 0,59	IPN 0,59	IPN 0,59
THF (nach IPN)	148	148	151
Tr.-Dauer	33 Minuten	33 Minuten	39 Minuten
Tr.- Gerät	Laufband	Laufband	Crosstrainer

Woche 3

	Montag	Mittwoch	Freitag
Trainingsziel	GA1	GA1	GA1
Tr.- Methode	ext. DM	ext. DM	ext. DM
Tr.- Intensität	IPN 0,59	IPN 0,59	IPN 0,59
THF (nach IPN)	151	148	151
Tr.-Dauer	36 Minuten	36 Minuten	42 Minuten
Tr.- Gerät	Laufband	Fahrrad	Crosstrainer

Woche 4

	Montag	Mittwoch	Freitag
Trainingsziel	GA1	GA1	GA1
Tr.- Methode	ext. DM	ext. DM	ext. DM
Tr.- Intensität	IPN 0,59	IPN 0,59	IPN 0,59
THF (nach IPN)	151	148	151
Tr.-Dauer	39 Minuten	39 Minuten	39 Minuten
Tr.- Gerät	Crosstrainer	Fahrrad	Crosstrainer

Woche 5

	Montag	Mittwoch	Sonntag
Trainingsziel	GA1	GA1	GA1
Tr.- Methode	ext. DM	ext. DM	ext. DM
Tr.- Intensität	IPN 0,59	IPN 0,59	IPN 0,59
THF (nach IPN)	151	148	151
Tr.-Dauer	42 Minuten	42 Minuten	42 Minuten
Tr.- Gerät	Laufband	Fahrrad	Laufband

Woche 6

	Montag	Mittwoch	Freitag	Sonntag
Trainingsziel	GA1	GA1	GA1	GA1
Tr.- Methode	ext. DM	ext. DM	ext. DM	ext. DM
Tr.- Intensität	IPN 0,59	IPN 0,59	IPN 0,59	IPN 0,59
THF (nach IPN)	148	151	151	148
Tr.-Dauer	46 Minuten	46 Minuten	46 Minuten	46 Minuten
Tr.- Gerät	Fahrrad	Crosstrainer	Laufband	Fahrrad

3.3 Begründung zum Mesozyklus

Der gewählte Ausdauertrainingsplan beruht auf dem Prinzip der Individualität und Altersgemäßheit.

Begründung zu den ausgewählten Trainingsmethoden:
Für den sechswöchigen Mesozyklus der Kundin wurde durchgehend die extensive Dauermethode gewählt, da die Kundin vor zehn Jahren das letzte Mal aktiv Sport betrieben hat/ ausdauerorientiert aktiv war und bei der Testung unter dem Durchschnitt lag. ihre Grundlagenausdauer aufbauen möchte. Bei der extensiven Dauermethode ist unter anderem ein Anpassungseffekt, der Aufbau der Grundlagenausdauer (Zintl & Eisenhut, 2001). Des Weiteren kommt es zu einer Ökonomisierung der Herz-Kreislaufarbeit und der Senkung der Ruheherzfrequenz, welches ebenso ein Ziel der Kundin ist. Außerdem wird durch die extensive Dauermethode der Fettstoffwechsel verbessert, was die Fettreduktion unterstützt (Zintl & Eisenhut, 2001).

Begründung zum angestrebten wöchentlichen Belastungsumfang:
Das Trainingsziel ist es ein regelmäßiges Ausdauertraining, mindestens 1-2 mal pro Woche, optimal 3- 4 mal pro Woche, zu absolvieren, um so an die gewünschten Ziele der Kundin zu gelangen. Jeweils nach zwei Wochen kommt eine weitere Trainingseinheit hinzu. Hier greift das Prinzip der Dauerhaftigkeit und Kontinuität.

Begründung zur Belastungsprogression:
Zu Beginn (Woche 1) wird ein Belastungsumfang von 30 Minuten pro Trainingseinheit festgelegt, sodass die Kundin nicht direkt vom zeitlichen Rahmen der Trainingseinheiten überfordert ist und ihr Körper sich an die Trainingseinheiten gewöhnen kann. Jede Woche wird der Trainingsumfang um 10% erhöht, um eine Leistungssteigerung zu erzielen. Hier gilt das Prinzip der progressiven Belastungssteigerung. Trainingsziel: Erhöhung der Trainingsdauer bis auf ca. 45 Minuten pro Trainingseinheit bei konstanter Belastungsintensität (extensive Dauermethode). Es gilt bei allen Trainingswochen der Grundsatz: Häufigkeit vor Umfang vor Intensität (Gunda Slomka, 2002, S. 149)

Begründung zu den angesteuerten Trainingsbereichen:

Während des sechswöchigen Mesozyklus findet immer ein Wechsel von Belastung und Erholung statt. Das bedeutet, einen Tag Training und der darauffolgende Tag ist trainingsfrei, sodass sich der Körper regenerieren kann, um im nächsten Training wieder die maximale Leistungsfähigkeit abrufen zu können (Superkompensation). „Eine ungenügende Berücksichtigung von entsprechenden Erholungsphasen gestattet keine vollständige Wiederherstellung und führt zu einem Abfall der Leistungsfähigkeit sowie zu möglichen Verletzungen" (Grosser, Ehlenz, Giebl, Zimmermann, 1994, S.38). Hier gilt das Prinzip des optimalen Verhältnisses von Belastung und Erholung (Gunda Slomka, 2002, S. 148).

Begründung der ausgewählten Ausdauergeräte bzw. Bewegungsformen:

Es wurden verschieden Ausdauergeräte gewählt, um neue Reize zu setzen und das Ausdauertraining kreativer zu gestalten, sodass es auf Dauer nicht langweilig wird. Das Prinzip der variierenden Belastung – Planvoller Methoden – und Gerätewechsel trifft darauf zu (Gunda Slomka, 2002, S. 149).

Nach dem sechswöchigen Trainingsplan folgt ein Re-Test, um schauen zu können, wie und was am Training geändert werden kann bzw. was sich während der Zeit schon entwickelt und verändert hat.

4   Literaturrecherche

Studie 1

„Low- and High-Volume of Intensive Endurance Training Significantly Improves Maximal Oxygen Uptake after 10-Weeks of Training in Healthy Men" (Arnt Erik Tjønna, 2013).

Tab. 12: Studie zu den Effekten des Ausdauertrainings bei Übergewicht/Adipositas

Wer führte die Studie durch?	Arnt Erik Tjønna
In welchem Jahr wurde die Studie publiziert?	2013
Mit welchen Versuchspersonen wurde die Studie durchgeführt?	26 inaktive, ansonsten gesunde übergewichtige Männer (BMI: 25 – 30, Alter: 35 – 45 Jahre)
Wie sah der Versuchsaufbau der Studie aus?	„Nach einer zehnminütigen Aufwärmphase (70 Prozent HR max) absolvierten zehn Wochen lang dreimal wöchentlich auf einem geneigten Laufband ein Trainingsprogramm, bestehend aus vier mal vier Minuten intensiver Belastung (90 % HR max), unterbrochen durch eine jeweils dreiminütige Erholungsphase (70 % HR max). Bei den übrigen elf Probanden beschränkte sich die hohe Belastung auf eine einmalige vierminütige Trainingseinheit bei 90 % der HR max" (Arnt Erik Tjønna, 2013).
Welche relevanten Ergebnisse und Schlussfolgerungen liefert die Studie?	1. maximale Sauerstoffaufnahme (VO₂ max) erhöhte sich um 10 % mit dem 1x4-Minuten- und um 13 Prozent mit dem 4x4-Minuten-Training. 2. Sauerstoffverbrauch während eines definierten Laufs mit submaximaler Belastung verringerte sich in beiden Gruppen gleichermaßen (-14 bzw.- 13 %). 3. Blutdruck wurde ebenfalls vergleichbar stark gesenkt (-7,1/ -7,7 vs. -2,6/-6,1 mmHg). In beiden Gruppen kam es außerdem zu einem etwa 5-prozentigen Rückgang des Nüchternblutzuckers. 4. Eine Reduktion von Gesamt- und LDL-Cholesterin wurde allerdings nur mit dem längeren Training erzielt" (Arnt Erik Tjønna, 2013). Die Studie belegt, dass eine „relative starke Belastung, die einmalig und für kurze Zeit besteht, den VO₂ max-Wert erheblich verbessern kann" (Arnt Erik Tjønna, 2013).

Studie 2

„Effects of exercise training on absolute and relative measurements of regional adiposity"
(Houmard JA, et al, 1994).

Tab. 13: Studie zu den Effekten des Ausdauertrainings bei Übergewicht/Adipositas

Wer führte die Studie durch?	Houmard JA, McCulley, Roy LK, McCammon MR, Israel RG
In welchem Jahr wurde die Studie publiziert?	1994
Mit welchen Versuchspersonen wurde die Studie durchgeführt?	13 adipöse Männer mittleren Alters (Durchschnitt: 47,2 + - 1,5 Jahre / BMI: 30,4 + - 1,5 kg/ m2)
Wie sah der Versuchsaufbau der Studie aus?	14 Tage ausdauerorientiertes Training (3-4 Tage/Woche), 30 - 45min. / Tag
Welche relevanten Ergebnisse und Schlussfolgerungen liefert die Studie?	Abnahme von: WHR (Verhältnis von Taille zu Hüfte) – P< 0,05., Tryglyzerid (25%)., Gesamtcholesterin/ HDL (8%)., Hautfalten von Rumpf und Extremitäten (P< 0,05) Erhöhung von: Insulinsensivität (60%)., HDL (8%)

5 Literaturverzeichnis

Boeckh- Behrens W., U., & Buskies, W. (2009). *Fitness- Gesundheitstraining- Die besten Übungen und Programme für das ganze Leben*, Reinbek bei Hamburg: Rowohlt Taschenbuch.

Boeck- Behrens W., U., & Buskies, W. (1998*). Gesundheitsorientiertes Fitnesstraining - Teil I: Ausdauertraining,* Band 2. Winsen: Dr. Loges + Co. GmbH. Zugriff am 11.12.2018. Verfügbar unter http://www.cardiotest.net/ipn-test-download.html

Eifler, C. (2018). *Studienbrief Trainingslehre II* (rev.19.027.000) Saarbrücken: Deutsche Hochschule für Prävention und Gesundheitsmanagement.

Grosser, M., Ehlenz, H. Griebl, R. (1994). *Richtig Muskeltraining, Grundlagen des Maximal- und Schnellkrafttrainings,* München, Wien, Zürich.

Gunda Slomka (2002). *Das neue Aerobic Training* (4. überarbeitete Auflage 2008, 5. Auflage 2011). Aachen: Meyer & Meyer.

Houmard JA, McCulley, Roy LK, McCammon MR, Israel RG. (1994). *Effects of exercise training on absolute and relative measurements of regional adiposity.* Zugriff am 11.12.2018. Verfügbar unter http://www.plosone.org/article/info%3Adoi%2F10.1371%2Fjournal.pone.0065382

Institut für Prävention und Nachsorge. (2004). *IPN-Test® - Ausdauertest für den Fitness- und Gesundheitssport.* Köln.

Tjønna, Arnt Erik. (2013). *Low- and High-Volume of Intensive Endurance Training Significantly Improves Maximal Oxygen Uptake after 10-Weeks of Training in Healthy Men.*

6 Tabellenverzeichnis